FÜR: ______________________________

VON: ______________________________

DATUM: ______________________________

NACHRICHT: ______________________________

____

____

SELBSTGEKOCHTES

Eine extra für dich selbstzubereitete
Speise und du entscheidest welche!

FRÜHSTÜCK IM BETT

GUTSCHEIN FÜR EINE BESORGUNG

Heute übernehme ich eine Besorgung aus deiner To-Do Liste

GUTSCHEIN FÜR EINE HAUSARBEIT

Heute übernehme ich eine lästige Hausarbeit deiner Wahl

SCHAUMBAD

Ein entspannendes Schaumbad mit Kerzen, Wein und Musik

ZELTEN

Eine Nacht mit Lagerfeuer und Stockbrot,
auch wenn es am Kamin stattfindet

AUTOWÄSCHE

ALKOHOL-VERKOSTUNG

Zur Auswahl stehen Bier, Wein und Spirituosen

SPAZIERGANG ZU ZWEIT

Ein Spaziergang zusammen am Vormittag oder am Abend

ZUSAMMEN TRAINIEREN

30 Minuten Training einer Sportart deiner Wahl

EXKLUSIVRECHTE AM FERNSEHPROGRAMM

Heute hast du die Fernbedienung im Griff!

FOTOSHOOTING

30 Minuten Fotoshooting zu zweit
(ohne Jammerei)

EINEN ABEND OFFLINE

Ein Abend ohne jegliche elektronische Ablenkung
(mind. 4 Stunden)

WEIN & KÄSE VERKOSTUNG

Ich bereite alles vor!

WOCHENENDAUSFLUG

Zur Auswahl: Eine Autoreise, ein
Hotelaufenthalt oder einen neuen Ort entdecken!

ABEND MIT FREUNDEN

Ein Abend nur für Freunde

SPIELEABEND

Eine Nacht mit Spielen zu zweit! Zur Auswahl:
Brettspiele,Partyspiele oder Videospiele für zwei Spieler

BASTELN

Ein Nachmittag mit einem gemeinsamen Bastelprojekt

KOCHKURS

Ein Kochkurs nach deinem Geschmack

BITTE NICHT STÖREN

Zeit für dich (max. 3 Stunden)

NICKERCHEN

Ein ungestörtes Nickerchen

MÜLL RAUSBRINGEN

Heute bringe ich den Müll raus

KÖRPERMASSAGE

Eine 20-minütige Massage deiner Wahl:
Kopf, Nacken, Füße, Hände

DER PERFEKTE KUSS

ZEIT ZUM KUSCHELN

Eine 30-minütige Kuscheleinheit

RÜCKENMASSAGE

Eine 20-minütige Massage. Zur Auswahl:
Tiefengewebe-Massage oder Rückenkratzen

SONNENUNTERGANG ZU ZWEIT

Ein Abend zum Himmel-Bewundern.
Ich bringe den Wein mit!

ZUSAMMEN KOCHEN

Ein Abend, an dem wir zusammen das Menü deiner Wahl kochen.

„DU HAST RECHT, SCHATZ“

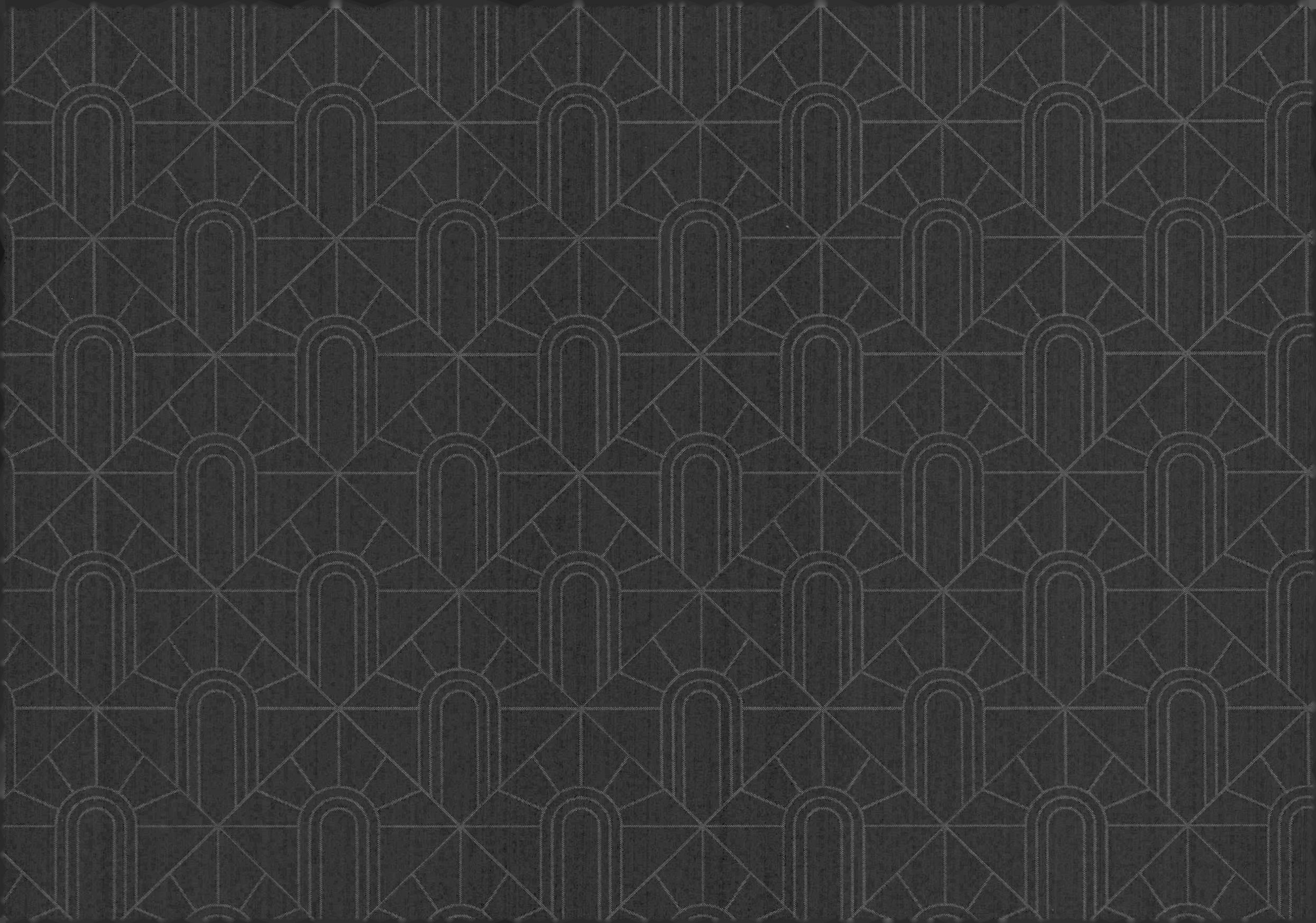

STERNEBEOBACHTUNG

Eine Nacht zum Sternebeobachten

FOTOS SAMMELN

Ein Nachmittag, an dem wir Fotos aussuchen, die wir gerne drucken möchten

KLEINE HANDWERKER

Ein Nachmittag zum Basteln und Handwerken

LANGSAM TANZEN

Ein langsamer Tanz zur Musik deiner Wahl,
auch wenn es im Wohnzimmer ist

GRATIS LIEFERUNG

Ich hole oder bestelle, worauf du gerade Lust hast!

ZEIT ZUM AUFSTEHEN

Einen Sonnenaufgang gemeinsam beobachten

RUHETAG

Ein fauler Tag im Bett.
Ich werde nicht nörgeln!

FERNSEHSERIE

Ein Filmmarathon mit einer neuen Serie deiner Wahl

DUSCHE ZU ZWEIT

Eine Dusche zu zweit,
du stellst die Temperatur ein

SPAZIERGANG IM PARK

Ein Tages- oder Abendspaziergang im Park

Printed in Poland
by Amazon Fulfillment
Poland Sp. z o.o., Wrocław

42155699R00060